ASÍNTOTA

.

Adrián Cano Saiz

Asíntota

COLECCIÓN **VERDEMAR**

Diseño y maquetación: Jesús S. Giner

© de la obra: Adrián Cano Saiz
© de la edición: Enter Servicios Informáticos
(Soc. Coop. Mad.)

ISBN: 978-84-128499-5-0
Depósito legal: M-18213-2024

Impreso en España
Primera edición: julio de 2024

A mi yo del pasado,
a mi yo del presente y a mi yo del futuro,
por siempre superarse y poder con todo.

A mí,
por haber superado siempre todas las trabas
que me ha puesto la vida.

ÍNDICE

ASÍNTOTA

EFÍMERO	15
OTRA NOCHE MÁS	16
PAPÁ, MAMÁ	17
UNA COPA DE MÁS	18
PERDERME	19
ME GUSTAS SIN INSTAGRAM	20
MUERTO POR AMOR	21
AL DESNUDO	22
AMOR EN LA GUERRA	23
A-Z	24
GRACIAS POR BAILAR	25
OTRA VEZ	26
MIS OJOS EN TUS LABIOS	27
CARTA A CUPIDO	28
UN TE QUIERO PRONTO	29
TÚ, MI HOGAR	30
ARTE	31
CHARCOS	32
¿VIVO?	33
CERRADOS	34
TURQUESA	35

DEJAR DE EXISTIR 36

FELICIDAD 37

DEDOS 38

NO GUARDES SILENCIO 39

INSEGURO 40

CORAZÓN ROTO 41

SOL Y LUNA 42

CARTA A UNA MADRE 43

ATORMENTADO 44

DOLOR Y FELICIDAD 45

¿TE QUIERO? 46

NADA O TODO 47

ALGÚN LUGAR 48

FRÍO Y CALOR 49

RÁPIDO 50

APRENDER A SER FRÍO 51

BEBER POR AMOR 52

FIN 53

ERES UN SÍ A TODO 54

ESPERA 55

CALMA, ESPERA 56

¿POR QUÉ A TODO? 57

PACIENCIA 58

50/50 59

DESAPARECER 60

TODO O NADA 61

EL AMOR ES UNA NORIA 62

SIENTO QUE PIERDO   63

CIEGO   64

QUERÍAMOS CRECER   65

PARED DE SENTIMIENTOS   66

ROTO   67

VACÍO   68

PRINCIPIO DEL FIN   69

SIN SABER NADA   70

CONGELADO   71

NOS QUEDARÁN   72

CIELO   73

EN VELA   74

PINCHAZO   75

CRISTAL   76

ANSIEDAD   77

TU PARADA   78

AHOGADO   79

SOL   80

VERDES   81

¿VOLVERÁ?   82

SANGRE AL PASAR PÁGINA   83

OJOS   84

LA SIGUIENTE PARADA   85

QUERÍA SER SUPERMAN   86

ÚLTIMAS PALABRAS   87

MI FLOR   88

BODA DE DOS   89

¿Amor?   90

Por si mañana no te veo   91

Si fueras tú   92

Desolado   93

Lenguaje del amor   94

Espinas en el corazón   95

Cosa de dos   96

Nuestra historia   97

Ojalá siempre   98

En silencio   100

Hablar callado   101

Amor sin razón   102

Siempre más, nunca menos   103

Asíntota   105

Agradecimientos   107

Asíntota

Efímero

El cigarro que me he fumado
llevaba escrito nuestro «para siempre».
Cada calada era un «te quiero»
que se iba con el viento.
Cada ceniza, un instante
que caía al suelo.

Otra noche más

Mis lágrimas van cayendo desde mis ojos, poco a poco, recorriendo mis mejillas y luego mis labios, hasta que se juntan en el borde de mi rostro.

Ya son tantas las lágrimas acumuladas que comienzan a gotear.

Mis ojos se han puesto rojos de tanta intensidad.

Llorando, he hecho un charco en mi almohada otra noche más.

Papá, Mamá

Papá, Mamá,
no lloréis por verme mal;
simplemente estoy hundido en un malestar.

Mi cabeza y mi cuerpo se han unido,
desembocando en una depresión y en una ansiedad
de las cuales no consigo escapar.

No os he dejado de querer,
pero, Papá, Mamá...,
no sé ni quererme a mí
ni querer a los demás.

No lloréis si un día no quiero vivir,
porque viviré por vosotros.
No me regañéis por drogarme,
pues hay días que no sé seguir adelante.

Si mañana desaparezco, no lloréis,
tened por seguro que vuelvo.

Porque, Papá, Mamá,
sabed que os quiero.

Una copa de más

Llevo una copa de más,
son las 4 a.m. y te pienso.
Veo nuestras fotos
porque, aunque no te pueda tener,
es la única manera de poderte ver.

Lloro gritando entre susurros,
maldiciéndome porque todo fue mi culpa.

Te echo de menos,
por mucho que me mienta
para no sufrir.
Por las noches, antes de dormir, te imagino,
nos imagino a los dos sonriéndonos.

Ojalá no tenerte que imaginar
y poderte besar.

Perderme

Quiero perderme contigo
en cada rincón de Madrid.
Que Madrid se convierta en nuestro rincón,
donde siempre podremos acudir.
Recorrer sus calles
y apreciar su arte.
Fijarnos en los pequeños detalles
y cenar en todos sus restaurantes.

Si estamos juntos, la ciudad no es tan grande.

Me gustas sin Instagram

Me gustas así, sin redes sociales,
sin tener que mostrar tu día a día,
sin que la gente te de *like* como aprobación de que
le gusta una foto, la cual te tiene que gustar a ti.
Besarnos sin mostrarlo públicamente,
sin que quieras que te siga gente que no conoces,
porque solo te importa la gente que quieres.
Irnos a cenar y que no publiques
lo que te vas a comer.
Irnos de viaje y disfrutar la Torre Eiffel con tus
propios ojos y no mirándola a través de la pantalla,
sacando una foto para presumir de tus vacaciones.

Me gustas así,
con tu perfecto defecto para la sociedad.

Muerto por amor

«Nadie muere por amor», me dijeron una vez.
Decídselo a Mario Benedetti,
pues ¿cómo un poeta que tanto ayudó a enamorar,
murió de amor?

Sí, se puede morir por amor,
y si no que se lo digan a mi corazón.

Al desnudo

Me dijo que quería verme desnudo,
entonces le conté mis mayores miedos.
Comencé a llorar,
ella comenzó a reír.

Quería ver la desnudez de mi cuerpo
y yo le mostré la desnudez de mi alma.

Amor en la guerra

Me acuerdo cuando vi a aquella chica con un fusil en la mano, apuntándome a la cabeza.
Yo iba desarmado y el fusil dejó de importarme en cuestión de minutos, porque en el silencio de la guerra, mientras nos mirábamos fijamente, me enamoré de ella.
Supongo que ella también se enamoró de mí, porque bajó el fusil y, por la rabia de ser enemigos, comenzó a llorar.

Entonces, se dio la vuelta y se fue corriendo, diciendo que nos veríamos cuando todo esto terminase.
Le dije que nos veríamos allá donde no puedes morir porque ya estás muerto, allí donde todos seamos iguales y no tengamos nada que perder.

A-Z

Mi abecedario va desde tu primera letra
hasta la última de tu nombre.
En las palabras bonitas del diccionario,
te escondes, porque ellas son sinónimos de ti.

Te guardo en texto por si te pierdo,
para recordarte en cualquier momento
y llorar al pensar lo feliz que fui.

Por eso mi abecedario es inusual,
porque las palabras se quedan cortas
para lo que refleja tu persona.

Gracias por bailar

Bailaba
sobre un suelo roto,
de forma arrítmica,
sin forma física.

Bailaba
dándolo todo,
mientras pasaba
y a mí mismo me pisaba.

Ahora bailo distinto,
pues tú pones la melodía
que acompaña mi forma de bailar.

Te doy todo
mientras me enseñas
y das vueltas a mi cabeza.

Me doy cuenta de que me habían enseñado a bailar
                                        [mal
y que bailar contigo
es bailar de verdad.

Otra vez

La historia se repite,
otra vez me veo bloqueado
ante su pelo rubio y sus ojos claros.

Me nubla la visión
y, aunque ella no se fija en mí,
tiene su historia de amor
—creo que podríamos ser felices los dos—.

Pero no quiero deprimirme
y volver a sufrir,
por eso tiendo a alejarme
cuando siento que no es para mí.

Mis ojos en tus labios

Mi pupila
clavada en la tuya,
descendiendo la mirada,
observando tu rostro.

Llegando a tus labios,
deteniéndome a observarlos.
Besándolos con la mirada
y mirándolos, queriendo besarlos.

Carta a Cupido

Cupido,
me lanzas una flecha con el nombre de una persona y me enamoro de ella, pero nadie se enamora de mí. Creo que se te olvida poner mi nombre en alguna de tus flechas.

La próxima vez recuerda escribir mi nombre en una, pero dicha flecha clávamela a mí, para poder quererme y no necesitar querer a nadie.

Un te quiero pronto

Te quiero.

Tal vez es pronto para decirlo, pero
¿cuándo es el momento correcto
para que sea correspondido?
Callas cuando te lo digo
y, en ese silencio incómodo,
se escucha mi suspiro.

Te miro fijamente a los ojos
y en ellos veo un vacío.
Me doy cuenta de que el problema de no sentir
es tuyo y no mío.

Tú, mi hogar

Me perdí en tu mirada
y me encontré en tus labios.
Perdido en un laberinto
que dibuja mi cerebro.

Qué erróneo pensar que una casa son
cuatro paredes y un techo,
cuando tu cuerpo es el templo donde me refugio si
tengo miedo.

Por ello, prometo que,
mientras mi corazón siga latiendo,
te seguiré queriendo.

Arte

¿Qué es arte?,
me preguntas mientras me miras.

¿Qué es arte?,
me preguntas mientras me besas.

¿Qué es arte?,
me preguntas mientras me abrazas.

¿Qué es arte?
Arte es que me ames y yo am(arte).

Charcos

Los ojos encharcados de tu nombre,
de pie en el tren, dejándote atrás.
No sé qué secreto escondes,
pero nada me puede arreglar.

Y suplicas:
«Por favor, ven»,
pero ya me he ido
y regresar solo supondría
un enorme suicidio.

¿Vivo?

¿Se puede dejar de sentir
sin necesidad de morir?

¿O es la muerte la que decide nuestra hora
cuando ve que llegamos tarde?

Porque, de ser así, yo ya debiera estar muerto
y, sin embargo, me veo vivo, pero sin sentimientos.

Cerrados

Sexo, tristeza, amor.
Ojos cerrados, abierto el corazón.
Las cosas más bonitas de apreciar
son las que no podemos mirar.

Turquesa

A través de tus ojos turquesas
se puede observar el final del mar;
se ve un abismo infinito
donde, si caes, aprendes a amar.

El sonido de tu risa,
tan dulce y contagiosa,
es capaz de cambiarme en un segundo
el orden de las cosas.

La forma en la que me tocas
y me acaricias el pelo,
hace que se me ponga de punta
y me sienta en el cielo.

Tus besos de sabor café
hacen que me despierte,
pero no por la cafeína,
sino porque estás cerca de mí.

Cómo me escuchas
me hace sentir importante.
Ver tu cara de felicidad
cuando te dije: «me gusta el arte».

Dejar de existir

Cierra los ojos,
corta la respiración
y pon tu mente en blanco.

¿No sería todo mucho más fácil así?
¿Se sentiría así dejar de existir?

Felicidad

Tal vez la felicidad es esto,
justo lo que te está pasando ahora,
sentir que estás aquí y no en otro sitio,
que ahora mismo este es tu lugar.

Conocerte y aceptarte,
quererte incondicionalmente,
enamorarte de ti mismo,
no tener miedo al peligro.

Vivir el ahora
sin pensar en el mañana,
dejar atrás el ayer,
sabiendo que eso se fue.

Dedos

Le pregunté:
«¿qué quieres que te haga con los dedos?».
Ella los tomó y los entrelazó con los suyos.

No guardes silencio

Si sientes que me amas, que tienes miedo,
que te sientes desprotegida,
que te sientes segura,
que todo te da igual o que todo te importa,
que te doy pereza, que no me soportas,
que quieres estar siempre a mi lado,
que tienes hambre, que tienes sueño,
que me quieres besar, que me quieres abrazar...

No guardes silencio, dímelo y déjame sin palabras.

Inseguro

Pensamientos continuos
sobre qué pensarán de nosotros.
Corazones vacíos
que no se guían por impulsos.

Morir sin vivir
por no vivir con el miedo a morir.
Cerrando ciclos
para planear el futuro.

Todo siempre pensado
por ser un inseguro.

Corazón roto

No siento amor,
siento frustración.

Engaño a mis sentimientos
creyendo que los puedo ocultar
con lo que pienso.

¿Por qué digo que no siento
si eso no es cierto?
Tal vez ocultando estos
pienso que sufriré menos.

Sol y luna

Somos sol y luna,
pues lo dos tenemos bajadas y subidas
en cuestión de días.

Tu eres mi rayo de sol en un día nublado
y yo tu rayo de luna en una noche a tu lado.

Un sol que despierta mi triste noche:
fría, oscura y perdida.
Un sol que me crea un nuevo y mejor día.

Un sol que me anima.
Un sol que me encamina.

En los mismos sitios evitándonos, pero, como sol y
luna, siempre terminamos encontrándonos.

Los dos tan contrarios y, a la vez, tan complemen-
tarios.

Carta a una madre

Hola mamá:
Te escribo hoy igual que cuando no sé qué hacer y
estás para apoyarme,
cuando sufro y no sé cómo tirar para adelante.

Te escribo desde aquí, desde un lugar
que es oscuro, pero que tú llenas de luz.
Un lugar desde donde predomina el caos,
mientras tú intentas poner orden.

Cada vez que estemos mal, lee esta carta que escri-
bo desde tan lejos para que sepas que lo estamos
haciendo bien. Y cuando estemos felices, léela para
recordar que siempre nos vamos a tener.

La familia no se elige, es la que toca.
Pero si me dieran a elegir,
te elegiría sin lugar a dudas.

Atormentado

Un loco atormentado
viviendo en esta tormenta.
Usando de paraguas mis pensamientos
y como guía mis sentimientos.

Sabiendo que después de la tempestad
viene la soledad.
En esta sociedad
no seguiré cumpliendo edad.

Dolor y felicidad

No todos es lo que parece,
y parece que no sé muy bien qué sucede.

Porque lo que realmente sucede
es que, por culpa de mi felicidad,
viene también mi tristeza,

ya que el amor que siento
no es más que el culpable
de todo lo que merezco.

¿Te quiero?

Te quiero.

Te quiero de corazón.
Te quiero besar.
Te quiero hablar.
Te quiero hacer reír.
Te quiero invitar a cenar.
Te quiero, amigo.

No uses «te quiero» a la ligera,
si no sabes de qué lo quieres acompañar.

Nada o todo

Creo que he dejado de sentir,
y con cada palabra que sale de tu boca,
me convierto en roca
y la dejo ir.

O tal vez siento el doble
y cada palabra se clava
en mi pecho como una bala
disparada de tu revólver.

Pero no lo sé.
Creo que no tengo elección,
creo que no lo puedo controlar,
pues cada vez que noto un sentimiento
en él, no me quiero detener y fijar.

Algún lugar

Siento un inmenso vacío
y tiro el vaso.
Roto en mil pedazos,
como un corazón partido.

Sí, tengo mil palabras
para no decir nada
y nado entre mis sentimientos
para encontrar la bala.

El barco partió
a un lugar desconocido.
Le seguí unos kilómetros
y le perdí en el uno.

Me tiré al mar para nadar
y el barco estaba en el vacío,
roto en mil pedazos,
en un lugar desconocido.

Frío y calor

Para mí una noche de invierno.
Para ti una noche de sentimientos.

Las dos noches son igual de frías,
pero tu noche quemará a la mía.

Rápido

Tardé un segundo en mirarte.
Tardé un minuto en acercarme.
Tardé diez minutos en hablarte.
Solo hizo falta una hora para enamorarme
y toda una vida para olvidarte.

Aprender a ser frío

Quieres ser frío, ¿verdad?
¿Quieres que no te importe lo que opinen los demás?
¿Quieres no sentir dolor cuando te rompan el corazón?
¿Quieres no llorar cuando te den una mala noticia?
¿Quieres no deprimirte cuando ves a alguien triste?

Ser frío tiene un coste y es no sentir.
Ser frío para la tristeza es ser frío para la felicidad.
Significa que todo te dé igual.

Pasarlo mal también es bonito,
porque significa que estás vivo.

Beber por amor

Si bebo es para quererte sin mirarte,
estando ciego.
Y, cuando pueda hacerlo,
verte doble con el triple de sentimientos.

Fin

Hasta aquí los amores de una noche,
los cuales a la mañana siguiente no recuerdas.
No ir detrás de un «te quiero» cualquiera,
sino esperar al correcto.
Hay que ser paciente y esperar inconscientemente
para que lo bueno venga sin esperarlo y lo malo no
tener que pasarlo.

No podemos ir probando labios amargos
hasta encontrar unos dulces.

Eres un sí a todo

Eres un sí a la perfección.
Un sí al amor.
Un sí al te quiero.
Un sí al te anhelo.

Eres un sí a todo,
que me impide ponerte pegas
cuando me miras y me besas.

Espera

Mi espera impaciente
es creciente con el pensar de tu sonrisa.
Tu demora tardía
hace que la vida se lleve mi alegría.

Calma, espera

Calma,
espera.
Intento aprender
cómo quererte,
cómo cuidarte,
cómo hacerte reír,
cómo hacerte feliz,
cómo mejorar,
cómo sentirme querido,
cómo hacer que te sientas querida.

Calma,
espera.
Jamás tuve
algo tan especial
como lo eres tú.

Calma,
espera.
Quiero cuidar lo nuestro,
lo más preciado que tengo.

¿Por qué a todo?

«¿Por qué vivo?», me pregunto mientras lloro, tumbado mirando al techo de mi cuarto.

«¿Por qué lloro?», me pregunto mientras miro al techo de mi cuarto.

«¿Por qué miro al techo?», me pregunto mientras escribo esto.

Por qué he de vivir si nunca elegí hacerlo.

Paciencia

Espera.
Espera a que llegue la fecha,
a que sepa que estoy bien,
a que mi entorno esté estable,
a que vea el lado de bueno de todo lo malo.

Espérame, porque volveré.
Volveré a como era cuando nos conocimos.
Te volveré a enamorar como lo hice la primera vez
y no nos daremos una segunda oportunidad,
nos daremos una nueva primera oportunidad.

50/50

Perseguir algo que está quieto.
Querer a alguien que no tiene sentimientos.
Dar todo de ti a alguien que no da ni la mitad.
Un 50% de los dos, que nunca existirá.

Desaparecer

Desapareceré y, entonces, me echarás de menos.
Te arrepentirás de no haber aprovechado todo lo
que te estaba dando.
No recibirás ni un mensaje más de mí ni sabrás nada
por redes sociales, porque me volveré invisible.
Y, entonces, apareceré frío y congelado,
como si un desalmado volviera del Polo Norte.

Todo o nada

Sí, el amor es blanco o negro.
Sí, el amor es todo o nada.
Sí, el amor es un 100%.

No quiero un amor gris,
a ratos
o de baja intensidad.

El amor es una noria

Al principio tienes la emoción de subir,
de sentir la adrenalina del vértigo.
Subir sabiendo que vas a disfrutar,
pero, a la vez, sabiendo que volverás a bajar.
Dar vueltas y vueltas de felicidad,
porque sabes que siempre tiene un buen final.

Pero... ¿y si se para?
¿Qué pasa si la noria se estropea en el punto más
alto?, en ese punto donde sientes la adrenalina por
la altura, pero sabes que la caída es mortal.
Ahora te planteas si tienes un buen o mal final.

Pues, de no ser arreglada en el momento adecuado
y lograr que vuelva a seguir girando, el pánico te
inundará y el miedo de saber si saldrás de ahí,
te matará.

Siento que pierdo

Siento que pierdo el tiempo...
Paso los minutos mirando al horizonte,
esperando ver algún destello.

Siento que pierdo oportunidades
mirando hacia atrás,
observando cómo las dejé pasar
y cómo ahora me doy cuenta
de que no debí dejarlas marchar.

Lo que más siento es que me pierdo a mí...,
porque tengo un vacío que no me deja ilusionarme
igual que antes.

Ciego

Solo un ciego puede ver
lo que un detective nunca podría buscar.
Tú, ciega de amor,
viste en mí lo que nadie pudo encontrar.

Queríamos crecer

La Coca-Cola se convierte en cubata,
las bicicletas en motos,
las caricias en besos y los besos en sexo.
¿Recuerdas cuando la adrenalina solo la sentías si
estabas subido a hombros de tu padre?
Nuestra mayor preocupación era ser
el que más corría de nuestros amigos.
El dolor más grande era solo un raspón en la rodilla.
Envidiábamos un juguete de otra persona porque
era más bonito que el que teníamos,
y ahora envidiamos otros cuerpos porque creemos
que son mejores que el nuestro.
Las miles de preguntas que hacíamos para saber
de la vida se han convertido en miles de preguntas
que nos hacemos a nosotros mismos para averiguar
quiénes somos.
Un «adiós» era un «hasta mañana».

Y queríamos crecer...

Pared de sentimientos

Aquella pared de Lavapiés
quería aparentar lo que no es.

Estaba llena de colores vivos
y efusivos.

Si rascabas, se podía ver su color original;
grisácea era su tonalidad.

La pared de Lavapiés
que fue trasformada por las personas.

La pared que no se mostraba tal y como es.
La pared de Lavapiés que no se dejaba ver.

Roto

El corazón no deja de latir
y no me deja dormir.
Noto cada latido más fuerte
y cada vez estoy más pendiente.

Noto cómo, finalmente, me derrumbo.
Y comienza el llanto.
Y sigo y sigo llorando.

Me escuecen los ojos y cada lágrima acaricia de
arriba a abajo toda mi cara.
Las lágrimas caen como caigo yo al suelo
y suenan como sueno yo por dentro: *roto*.

Vacío

Ya he aprendido que tus «te quiero»
van con engaño y los «te amo» caen en vano.

Te agarré de la mano sin pensarlo
y al vacío me ha lanzado.

Principio del fin

No hay noche tan larga que no termine en día.
No hay viento tan fuerte que no termine en brisa.
No hay sollozo tan grande que no termine en lágrima.

Sin saber nada

Me encontraste rumiando mis pensamientos,
volviéndome loco poco a poco,
sin dejarme llevar como el viento,
en un rincón oscuro e incierto.

Pero eso acaba de cambiar
con tu llegada a mi vida.
De esto no sé qué saldrá,
pero disfrutemos. Qué más da.

Congelado

Mi corazón caliente,
el cual todos los días
siente intensamente.

Hasta que llega un momento
en el que se congela
y ya no responde ante cualquiera.

Este lo estallé contra un abismo
y, congelado, se rompió en pedacitos,
hasta que, callado, comenzó a dar gritos.

Nos quedarán

Nos quedarán los besos mientras reíamos.
Nos quedarán los llantos mientras nos abrazábamos.
Nos quedará el invierno que vivimos.
Nos quedará el verano que nunca tuvimos.
Nos quedarán las caricias que nos hicimos.
Nos quedará el tiempo que perdimos.

Cielo

Me quedé embobado mirando al cielo,
pensando en lo inmenso que es,
pensado en lo rápido que cambia el día,
en lo rápido que cambia el clima,
en la velocidad a la que van las nubes,
en la velocidad en la que el día
se convierte en noche.

En vela

La ansiedad inundará mi pecho,
mis lagrimas inundarán mi rostro,
mis manos golpearán la cama.
Los pensamientos no podrán ser racionales.

Me pasaré la noche en vela,
pensando en todo lo que hago mal,
en lo insuficiente que me siento,
en todo lo que no merezco.

Quizás desaparecer es una buena opción.
Que nadie vuelva a saber de mí.

Pinchazo

El pecho se infla y desinfla sin orden,
la velocidad varía sin cesar,
noto un pinchazo en el corazón,
sale el amor.
Ahí se va.

Cristal

Frágil y delicada como el cristal,
así es ella.
Puedes romperla con un descuido
y que no se vea bella.
Cuidado con pisarla,
porque es un arma de doble filo.
Así es ella,
te raya como un vinilo.

Ansiedad

Me tiemblan las manos,
la respiración aumenta,
el pecho aprieta,
el corazón duele.

La cabeza me da vueltas,
no se está quieta.
Se me quiebra la voz,
se me corta la respiración.

Rompo a llorar,
empiezo a gritar.
Palabras de dolor
inundan mi habitación.

Tu parada

Me encuentro aquí,
sentado en tu parada,
esperando un bus
que me lleve a casa.

No, está vez no he venido a verte a ti,
he venido para vernos a nosotros,
para sentir nuestra despedida.

Ahogado

Me veo a través de tus ojos,
me miro como si me viera en un espejo
y pienso: «pobre corazón,
dañado a traición».

Roto en mil pedazos,
sangrando a mares,
viviendo en el mar Rojo,
buceando en el mar Negro.

Ahogado sin poder respirar,
inundando mi cuerpo.
Rompo a llorar,
deshaciendo el nudo de mi cuello.

Sol

Todos los días sale el sol.
Unos días brilla con menos intensidad,
otros días lo tapan unas nubes y otros días la lluvia
hace que parezca que el sol no existe,
pero siempre vuelve a salir, vuelve a brillar y,
después de la lluvia, un arcoíris inunda la ciudad.

Verdes

Tus ojos preciosos,
verdes a simple vista.
Más bonito es lo que esconden,
poder ver, a través de tu pupila, mi sonrisa.

Brillan más que sol
y cuentan mil historias
llenas de dolor,
que viven en tu memoria.

Da esperanza,
con tu color esmeralda,
a esta vida negra
y hazla más amena.

Los ojos, el espejo del alma.
Tu alma vista en tu mirada.

¿Volverá?

Dos desastres
tratando de amarse.
Se hacían daño,
acabando con su año.

Acabaron con sus vidas
y no querían seguir.
Uno se fue
y el otro, con lágrimas en los ojos de sollozo, preguntó:
«¿No va a volver?».

Sangre al pasar página

Pasé la última página de nuestro capítulo,
en ese momento solo quería cerrar el libro.
No quería seguir leyendo historias de amor
donde solo sufría y guardaba rencor.

Pasé la última página de nuestro capítulo
y, entonces, me corté.
El resto de las páginas se mancharon de sangre,
condicionando cada capítulo que avancé.

Ojos

Mis ojos han hablado con los tuyos,
se han dicho cosas que jamás se podrían expresar.
No han hecho falta palabras,
con una mirada sabían que se amaban.

La siguiente parada

Imagínate a los dos juntos
dentro de unos años,
en el trabajo de nuestros sueños.

Haciendo viajes por el mundo,
en los mejores hoteles
y con la mejor comida.

Paseos nocturnos hablando de la vida,
bañarnos en playas desconocidas
y reír a carcajadas.

Pero te bajaste en la siguiente parada
y nunca supe ni cómo te llamabas.

Quería ser Superman

De pequeños todos hemos querido ser Superman.

Yo soñaba con tener un coche volador
y ahora lo que pasa volando
es el tren por las mañanas.
Yo soñaba con tener un mayordomo robot,
programado para mis tareas,
y ahora mi vida es robótica.
Yo soñaba viajar a Marte
y, ahora, lo más lejos que tengo es el trabajo.
Me acuerdo cuando soñaba
con muchas cosas imposibles,
pero increíbles.
Sin embargo, ahora ya no sueño,
porque apenas duermo.

Últimas palabras

El suicidio es pecado,
por lo que nuestro infierno ya está pagado,
pues no veré el cielo después de la vida,
ya que esta nos suicida.

No es la vida más que un constante sufrimiento que
acaba en muerte;
únicamente se alarga en el tiempo
para ver cómo nos desangra lentamente.

Muerte, tan segura de su victoria
que nos da una vida de ventaja
para que la perdamos pensando en ella.
Al declarar ante el universo
cómo fue mi homicidio,
diré que esta querella fue provocada por ella,
por la vida.

Mi flor

Mi rosa marchita
por culpa de no cuidarte y regarte a tiempo.
Reviviste en el instante en el que te conté todo lo
que haría por ella.
Floreciste de nuevo, más fuerte y sana que nunca,
hasta que te conté que jamás la volvería a ver
y ahora ni la luz del sol es capaz de animarte.

Boda de dos

En esa boda te vi.
Mientras el novio bailaba con la novia,
mi mirada te buscaba entre todas.

Bailamos juntos,
pegados y riendo,
sonriendo y divirtiéndonos.

Hasta que fuimos el centro de la pista
y la boda parecía la de nuestra vida.

¿Amor?

El amor es una droga
que te excita y te genera adrenalina.
Es aquello que quieres que tenga un principio,
pero que nunca tenga un fin.

La sensación de darlo todo a cambio de nada.
El impulso de vivir,
pero toda una vida quererla compartir.

Una batalla en la que dos aliados luchan contra
todo el mundo, sin dejarse influenciar.
Que sepas que en todo lo que hagas te va a apoyar.

Eso es el amor,
vivir sin buscar una explicación.

Por si mañana no te veo

Sintiendo ahora el dolor
que le provocarás a mi corazón.

Sintiendo ahora el vacío
que quedará si te vas sin previo aviso.

Sintiendo cómo, hablando contigo,
en una utopía sigo.

Y sabiendo que cuanto más subes,
más larga es la caída.
Eso no es nada,
si contigo he estado en las nubes.

Si fueras tú

Cielo nublado estrellado,
apagado pero brillando.
Juntos pero separados.
La misma luna alumbrándonos.

Cielo color mar,
lleno de oscuridad,
a llantos le pregunto:
«¿Qué hago si ella no está?».

Cielo que me arropa,
en la noche te invoca,
me hace pensarte,
aumentando mis ganas de buscarte.

Si fueras tú quien está sufriendo,
me suplicarías que te siguiera queriendo.

Desolado

Andando de noche, borracho,
en la calle, desolado me hallo.
Me he encontrado perdido
entre farolas que iluminan mi rostro.

Ahora mismo la luna me ciega
y la calle cada vez se hace más larga.
Mis problemas se estrechan
y mi cabeza se cansa.

Lenguaje del amor

Desayunar juntos, pero en silencio.
Fumarme un cigarro y que me dejes el mechero.
Dedicarte canciones.
Tomarte fotos desprevenida mientras ríes.
Interesarme por lo que te apasiona.
Preocuparme por ti, aunque yo esté mal.
Dejarte mensajes mientras duermes.
Dedicarte escritos.
Verte, aunque solo sean cinco minutos.
Hacerme el enfadado para picarte.

El lenguaje del amor no es solo decir «te quiero».
El lenguaje no verbal es lo que nos ayuda
a dejar claras nuestras palabras.

Espinas en el corazón

Clavaste en mi corazón
espinas de una rosa.
Me disparabas «te quiero»,
escritos en una bala.

Me desangraba entero
mientras te rogaba un beso.
Me despedía llorando
mientras me estabas gritando.

Me hundía en un barco
que estaba volando.
Me estrellaba en aviones
que ya habían aterrizado.

Te quería a mi lado...
aunque me hicieras daño.

Cosa de dos

Tus nervios de acero
se funden como hierro
cuando los quemamos con nuestro calor.

Tu cara iluminada
al ver mi sonrisa,
como si fuera el primer día.

Me vuelvo débil
si escucho tu voz
y me duermo con el latir de tu corazón.

Dame tu mano y acaricia la mía.
Bésame como si fuera nuestro último día.

Nuestra historia

Sentimientos confusos
que buscan una razón de ser.
Un beso tuyo los ordenó,
apropiándose de él.

Pues lo convertiste en solo uno,
en el sentimiento de amar.
Curaste mi corazón
cuando nadie lo supo valorar.

Quiéreme hoy más que ayer,
quiéreme hoy menos que mañana.
Quiéreme siempre en tu libertad,
quiéreme siempre que no sepas elegir.

Si te marchas algún día,
siempre serás el amor de mi vida.
Viviría sin ti y sin mi corazón.
Cuídalo, pues te lo llevarías tú.

Ojalá siempre

Ojalá siempre contigo,
ojalá tú siempre conmigo.
En cada despertar,
en cada atardecer,
en cada anochecer.

Ojalá siempre entre tus labios,
ojalá siempre entre tus brazos.
En cada alegría,
en cada tristeza,
en cada enfado.

Me encanta
que me hagas el café por las mañanas.
Tú, embobada,
mirándome recién despertado.

Me encanta
hacer la comida deprisa.
Tú enfadada
porque nunca te dejo hacer nada.

Ojalá siempre
despertarme contigo en la madrugada
y buscarnos entre besos y miradas.

Ojalá siempre nos busquemos
en el mundo y de día,
igual que entre sábanas y en la noche.

En silencio

Siempre me han dicho que la gente
que se va avisando de que se van a ir
es porque en realidad quieren quedarse.
Por eso yo me voy sin avisarte;
me quito los zapatos para no hacer ruido.
Aprovecho un día lluvioso
para que el rugir de la puerta no se note y,
al cerrarla, suene un trueno que silencie el golpe.

Pero me llevo las llaves.
No cambies la cerradura,
volveré cuando menos te lo esperes
y mejor que nunca.

Hablar callado

Miro nuestras manos entrelazadas,
que a estar juntas estaban destinadas,
caminando sin sentido
por los lugares más conocidos.

Tu mirada habla con la mía
y mis labios se juntan con los tuyos.
Mi corazón grita que te quiere,
pero lo hace entre susurros.

No sé si es más bonito el paisaje
o tenerte a mi lado.
Nuestro mejor lenguaje
es cuando hablamos callados.

Amor sin razón

Amor, no te me alteres,
estaba más liado que el «Guernica»,
porque me sentía un cuadro
hecho por Picasso.

Estaba en guerra con mi cabeza,
pensando qué es el amor.
Leí poemas de Benedetti
y vi que el corazón no entiende de razón.

Siempre más, nunca menos

Me acuerdo de ese momento,
riendo a carcajadas en una librería.
Quién me diría que haría más caso a tu risa
que a los libros de poesía.

Dejé de creer en el amor
hasta que tus ojos
me hicieron cambiar de opinión.

Qué error el mío
el de pensar que siempre tendría
el corazón vacío
por nunca haber sido bien querido.

Qué suerte la mía
esa de conocerte aquel día,
de que rompieras el hielo de mi corazón,
derritiéndose al escuchar tu voz.

Me encanta
cuando me agarras de la mano
y paramos el tiempo
como si el mundo fuera nuestro.

Te quiero
desde tu inteligencia
hasta tu torpeza,
desde tu frialdad
hasta la forma que tienes de mirarme.

No sabía que te buscaba
hasta que te encontré,
que te necesitaba
hasta que te besé.

Te querré siempre más que ayer,
pero menos que mañana.

Asíntota

Dos vidas con una misma trayectoria
dispuestos a estar juntos en la historia.

Sin quererlo, me aproximo a ti
sin poder verlo venir.

Averiguo de tu existencia,
a pesar de no confirmar si es cierta.

Pensando que coincidiremos
y que, alguna vez, nos conoceremos.

Pero qué jodido es el destino,
solo quería hacernos un lío.

Agradecimientos

Gracias a mis padres, a mis amigos, a los que fueron mis amigos y hoy en día ya no lo son, y a todas las personas que en algún momento me quisieron y me apoyaron a seguir escribiendo.

Gracias a ellos, hoy en día existe este libro.

Esta edición de
"Asíntota",

de Adrián Cano Saiz,

se terminó de imprimir en Madrid,
en julio del año MMXXIV

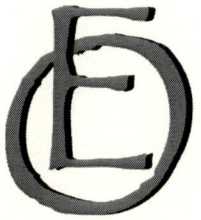